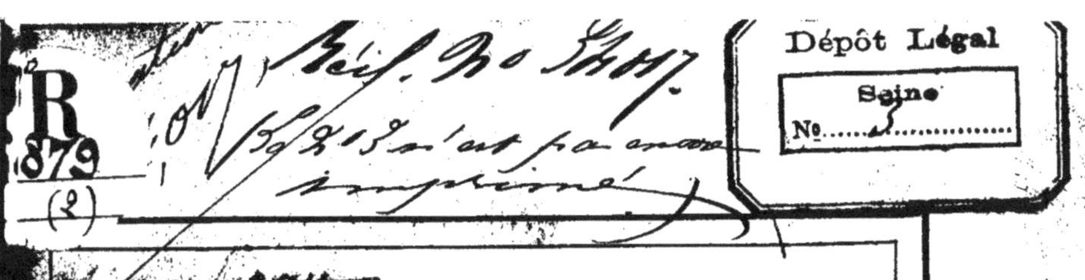

MUSÉE PEDAGOGIQUE

ET

BIBLIOTHÈQUE CENTRALE DE L'ENSEIGNEMENT PR

MÉMOIRES

ET

DOCUMENTS SCOLAIRES

PUBLIÉS PAR LE MUSÉE PÉDAGOGIQUE

Fascicule N° 2.

UNE ACQUISITION
DE LA BIBLIOTHÈQUE
DU MUSÉE PÉDAGOGIQUE :

Dialogus Jacobi Fabri Stapulensis in phisicam introductionem.
Introductio in phisicam Aristotelis.

ÉTUDE BIBLIOGRAPHIQUE ET PÉDAGOGIQUE

Par L. MASSEBIEAU

AUX BUREAUX DE LA REVUE PÉDAGOGIQUE

LIBRAIRIE CH. DELAGRAVE

15, rue Soufflot, Paris.

MUSÉE PÉDAGOGIQUE

ET

BIBLIOTHÈQUE CENTRALE DE L'ENSEIGNEMENT PRIMAIRE

REVUE PÉDAGOGIQUE

PARAISSANT TOUS LES MOIS

CONDITIONS D'ABONNEMENT

France, un an . . . . 12ᶠ »
Étranger, — 13 50

Toute communication relative à la rédaction doit être adressée au *Musée pédagogique*, 41, rue Gay-Lussac, à Paris.

Pour les abonnements et les annonces, s'adresser à M. Cʜ. Dᴇʟᴀɢʀᴀᴠᴇ, éditeur, 15, rue Soufflot, Paris.

UNE ACQUISITION

DE LA BIBLIOTHÈQUE
DU MUSÉE PÉDAGOGIQUE

La bibliothèque du Musée pédagogique vient d'acquérir un livre d'écolier du commencement du xvi° siècle, d'une édition extrèmement rare, et qui est en même temps un document précieux pour l'histoire de l'enseignement à une époque de crise. C'est un mince in-quarto, imprimé en 1510 en caractères gothiques, à Cracovie, chez Jean Haller. Il contient deux opuscules de Lefèvre d'Étaples qui font partie de l'ensemble de ses travaux pour les candidats à la licence ès arts, et qui font connaître sa méthode d'enseignement. Le premier est un Dialogue dont l'objet est d'expliquer une courte *Introduction à la physique d'Aristote* qu'il avait auparavant composée; le second est cette Introduction elle-même.

Je commencerai par donner la description détaillée que les deux pièces imprimées par Haller méritent à cause de leur rareté. Il faudra dire ensuite quelques mots sur l'université de Cracovie, pour les écoliers de laquelle a été faite l'édition qui nous occupe, et sur l'imprimeur Haller qui a rempli auprès de cette université un rôle considérable et qui n'en a pas moins été oublié dans la *Biographie universelle* et dans la *Nouvelle Biographie générale*. Enfin (et ce sera l'objet principal de cette étude), j'examinerai nos deux petits livres au point de vue pédagogique, en ne craignant pas de donner sur leur auteur et sur les études de son temps les renseignements sans lesquels on ne pourrait avoir une idée claire de son œuvre.

I

1º LE DIALOGUE. — Après un feuillet blanc : *Dialogus Jacobi/Fabri Stapulensis in/phisicam introdu/ctionem.* Au-dessous de ce titre une gravure sur bois achève de remplir la page et en occupe au moins les trois quarts. La moitié supérieure de cette gravure présente l'aigle de Pologne sur un écu soutenu à gauche par un lion et à

droite par une licorne. La moitié inférieure se compose de deux écus
de même grandeur, mais tout seuls, l'un à gauche sous le lion,
l'autre à droite sous la licorne : ils sont séparés par un vase noir,
un peu plus petit, sur lequel se détache en blanc un monogramme
et d'où sort un arbuste sans feuilles. On sait (1) que la marque de
Haller comprenait les armes de Pologne, de Lithuanie et de Cracovie. En effet, l'écu de droite contient le cavalier lithuanien, et
les trois tours sous une porte, herse levée, de l'écu de gauche ne
peuvent être que les armes de la ville de Cracovie. Quant au monogramme en blanc sur le vase, c'est celui de Jean Haller. Il se compose d'une *h* terminée à son sommet par une croix et traversée par
un *i* (2).

Au verso du même feuillet est le *Prologus Jacobi Stapulensis in
Phisices introductorios dialogus* (au lieu de *dialogos*). Puis vingt-quatre
feuillets de texte avec deux figures. Pas de pagination, mais seulement des indications relatives aux feuilles d'imprimerie. A la fin :
*Dyalogus Jacobi Fabri Stapulensis In Phisicam introductionē Impressus
regia in ciuitate Cracouiensi. Impensis spectabilis viri domini Johannis
Haller ciuis cracouiensis. Anno salutis nostre. Millesimo quingentesimo
decimo.* Un feuillet blanc.

2° L'INTRODUCTION. — *Jacobi Stapulensis /introductiones in litros
phisicorū/ et de āia* (anima) *Aristotelis cū Jodoci neo/ portuēsis annota-
tionibus declara/ tib'* (declarantibus) *culide dicta singula obscuriora
īpī'* (ipsius) *introductōis* (introductionis). Au-dessous la même gravure
sur bois. On remarquera que ce titre annonce deux Introductions,
l'une aux livres d'Aristote sur la physique, l'autre à ses livres sur l'âme.

Au verso, une recommandation de l'ouvrage au lecteur, par un
maître ès arts de Cracovie. *Gregorius Sthauischyn arciū liberaliū
magister studii Cracouiesis lectori salutem.* Cette recommandation
remplit la page. Le feuillet suivant est rempli au recto par la première et principale figure du Dialogue.

Ce qui précède se rapporte aux deux Introductions. Maintenant, au
verso du feuillet occupé par la figure, on lit les deux titres suivants,
dont le premier se rapporte à l'Introduction à la physique seule,
mais en y comprenant le texte de Lefèvre et les éclaircissements
de Jodocus (Josse Clictou), tandis que le second n'a trait qu'au
texte de Lefèvre : *Introductio in phisicam Aristotelis. /Introductoriū
Stapulen in phi/ sicam Aristotelis.* Suit immédiatement le texte de
l'Introduction, divisé en sept paragraphes, entre lesquels sont inter-
calées, en caractères plus petits mais toujours gothiques, les expli-

---

(1) Panzer, t. IX. p. 230-1, n° 7 et *passim*.

(2) Dans un autre livre de Haller qui se trouve à la Bibliothèque nationale et dont je parlerai un peu plus loin, la même marque est notablement
simplifiée et réduite. Il est vrai qu'il est de 152?

cations de Josse Clictou. Texte et explications remplissent dix-sept pages et demie, et se terminent par l'avis suivant : *Impresse sunt he introduction s in libros phisicorum Aristotelis regia in ciuitate Cracouiensi. Impensis spectabilis viri dñi Johannis Haller. Anno salutis nostre millesimo quingētesimo decimo.* Deux feuillets blancs.

L'Introduction au livre de l'âme, annoncée dans le titre général de ce second opuscule, manque dans notre volume. Mais, comme je l'ai déjà dit et comme on le verra mieux plus tard, l'Introduction à la physique et le Dialogue se correspondent et forment un tout.

Panzer ne connaît pas l'édition polonaise du Dialogue. Il signale les Introductions et en donne le titre général (t. VI, p. 452, n° 36). L'*impresse sunt* final qu'il transcrit est évidemment celui qui se trouvait à la suite de l'Introduction aux livres de l'âme (1). La Bibliothèque nationale a récemment acquis une autre édition de l'Introduction aux livres de l'âme, publiée aussi à Cracovie et aux frais de Haller, mais seulement en 1522 (Réserve pR 202). Panzer ne la signale pas (2).

Les ouvrages de Lefèvre d'Étaples sont rares. Si j'ai bien consulté les catalogues, il n'existe aucune édition de notre Dialogue et de notre Introduction aux Bibliothèques de l'Université, Mazarine, de l'Arsenal, Sainte-Geneviève. La Bibliothèque nationale (3) les possède dans un petit et épais volume, publié à Paris en 1504 chez Henri Estienne premier, où ils se trouvent avec d'autres traités de Lefèvre sur « la philosophie naturelle », et dont elle a fait récemment l'acquisition (4). Voyons maintenant comment ils ont pu être réimprimés si loin de la France, pour les écoliers de Cracovie.

---

(1) In fine : *Impresse sunt he introductiones in libros phisicorum et de anima Aristotelis regia in ciuitate Cracouiensi, impensis spectabilis viri domini Johannis Haller anno salutis nostre millesimo quingentesimo decimo. Sortite sunt felicem finem in vigilia gloriose resurrectionis Domini.*

(2) M. Graf, dans le très utile catalogue des œuvres de Lefèvre d'Étaples qu'il donne à la fin de l'édition allemande (1852) de sa consciencieuse monographie de Lefèvre, mentionne une édition de *in Aristotelis octo Physicos libros paraphrasis*, etc., à Cracovie, aux frais de Haller et par les soins de Sthavischyn. Il se réfère à la Bibliothèque grecque de Fabricius. Cette indication est bien générale. Je crois qu'il y a là une confusion et que ce n'est pas de la *paraphrase* de Lefèvre qu'il s'agit, mais de ses *introductions*, ce qui est bien différent.

Outre Panzer, j'ai consulté l'ouvrage de Hoffmann sur l'imprimerie polonaise dont il sera question plus loin ; il n'y est rien dit de nos deux traités. J'aurais voulu aussi consulter l'histoire de l'imprimerie à Cracovie, en polonais, 1819, signalée dans la table de Brunet, et utilisée par Deschamps dans son Dictionnaire géographique, mais elle n'est pas à la Bibliothèque nationale.

(3) Je saisis cette occasion de renouveler mes remerciements à MM. les Bibliothécaires des bibliothèques publiques de Paris, à l'obligeance desquels je suis depuis longtemps habitué.

(4) *In hoc opere continentur totius phylosophie naturalis paraphrases : hoc*

II

Cracovie, ville populeuse et commerçante, où l'on avait attiré les Allemands par de grands privilèges, était au temps de notre édition polonaise, en 1510, la capitale de la Pologne et le siège d'une université déjà plus que séculaire (1). Les Polonais continuaient sans doute à fréquenter les universités d'Italie et d'Allemagne, ainsi que celle de Paris où ils étaient classés avec les hauts Allemands (2) ; mais, par un courant contraire, des étrangers, maîtres ou écoliers, dont quelques-uns ont laissé un nom, se rendaient aussi à l'université de Cracovie, qui était réellement florissante. L'étude de la philosophie d'Aristote et surtout celle de la dialectique y tenaient, comme on va le voir, une grande place. Il ne pouvait guère en être autrement, étant donnés le caractère et le programme de la faculté des arts, qui étaient à peu près les mêmes dans toutes les universités. Mais le mouvement littéraire de la Renaissance se fit sentir dans ce milieu d'assez bonne heure. Un des moyens les plus sûrs de se représenter la physionomie de cette université entre 1500 et 1510 est encore de prendre pour point de départ, dans les annales typographiques de Panzer, les catalogues si instructifs et si vivants (à cause du nombre des livres et de l'ampleur des titres) où sont énumérées, année par année, les productions de l'imprimerie de Cracovie(3).

---

ordine digeste. Octo physicorum Aristotelis paraphrasis. Quatuor de celo et mundo completorum paraphrasis. Duorum de generatione et corruptione paraphrasis. Quatuor metcororum completorum paraphrasis. Trium de anima completorum paraphrasis. Libri de sensu et sensibili paraphrasis. Libri de somno et vigilia paraphrasis. Libri de longitudine et brevitate vite paraphrasis. Dialogi insuper ad physicorum tum facilium tum difficilium intelligentiam introductorii duo. Introductio metaphysica. Dialogi quatuor ad metaphysicorum intelligentiam introductorii. — A la fin : *Impressum in alma Parhisiorum achademia per Henricum Stephanum in vico Clausi Brunelli et regione Scolarum Decretorum anno Christi, piissimi salvatoris, entis entium summique boni 1504, secunda die decembris.* Caractères gothiques, 348 feuillets numérotés. [Réserve de la Bibliothèque nationa'e, pR 197]. — Une édition déjà en 1501. Panzer, t. VI, p. 500, n° 5. — La paraphrase sur la physique, 1492, Panzer.

(1) Pour l'université de Cracovie, voir *Tableau de la Pologne*, par Malte-Brun, nouvelle édition par L. Chodzko ; et J. D. Hoffmann, *de Typographiis earumque initiis et incrementis in regno Poloniæ et magno ducatu Lithuaniæ*, *Dantisci*, 1740, 4°. Ce dernier travail, quoique incomplet, paraît solide et digne de confiance. Le tome II du *Tableau de la Pologne* contient des *Fragments sur la littérature ancienne de la Pologne* par M. Podczaszynski, où l'on trouvera p. 344 ss., p. 441 ss., beaucoup de renseignements curieux; mais le patriotisme de l'auteur l'empêche quelquefois de voir juste. C'est ainsi qu'il réduit à rien l'influence allemande sur la civilisation polonaise, et qu'il fait l'université de Cracovie beaucoup trop étrangère à la scolastique.

(2) Du Boulay, III, 569.

(3) Surtout t. VI, depuis 1500.

Dans la faculté des arts, le grand nom était alors celui de maître Jean de Glogau (1), membre ou collégiat (2) du grand collège des artistes, *magister almæ florentissimæque universitatis studii Cracoviensis; majoris collegii artistarum collegiatus*. Il publie des traités élémentaires de grammaire, de logique et de philosophie naturelle, mais surtout de logique. Le franciscain Thomas Mürner, né à Strasbourg, maître ès arts de Paris, bachelier en théologie de Cracovie, et qui devait se rendre fameux par ses prédications et ses poésies satiriques, enseignait alors aussi la logique dans notre université. Pour faciliter à ses élèves l'intelligence ou plutôt la mémoire des plus subtils détours de la dialectique, il la leur enseignait au moyen d'un jeu de cartes. On le soupçonna de magie: il publia sa méthode, et c'est à Cracovie que parut la première édition de ce curieux ouvrage, en 1507: *Chartiludium logice, seu logica poetica vel memoratiua cum jocundo pictasmatis exercitamento, pro communi omnium studentium utilitate* (3). L'importance qu'on donnait dans ce temps à la mémoire est encore attestée par l'ouvrage suivant qui avait paru dans la même ville en 1504 : *Opusculum de arte memoratiua longe utilissimum in quo studiosus lector tam artificialibus preceptis quam naturalibus medicinalibusque documentis memoriam suam adeo fouere discet ut quecunque vel audita vel lecta illi commendaverit tanquam in cella penaria diutissime conservaturus sit* (4).

Les mathématiques et l'astronomie, qui faisaient partie de l'enseignement de la faculté des arts, donnaient aussi lieu à un certain nombre de publications. Jean de Glogau faisait paraître une introduction à l'abrégé de Ptolémée par Sacrobosco qui devait demeurer si longtemps classique. Du maître de Jean de Glogau, Michel de Breslau, comme lui membre du grand collège des artistes, on imprimait et réimprimait un *Introductorium astronomiæ, cracoviense elucidans almanach*, 1506 et 1507. C'est à l'université de Cracovie que Copernic avait pris le goût de l'astronomie. Après y avoir passé cinq ans (1492-1497), il l'avait quittée, mais non oubliée, car s'il garda son système inédit jusqu'à sa mort, en revanche on le voit faire paraître à Cracovie en 1509, un an avant notre édition des opuscules de Lefèvre, une traduction latine des *Épîtres morales, rurales et amoureuses de Théophylacte*.

C'est précisément la logique, les mathématiques et la philosophie de la nature qui occupaient à Paris Lefèvre d'Etaples. Pour compléter le tableau de l'activité des études à Cracovie, il faut sans doute signaler la *Rhétorique à Herennius* (1500), un *Hortulus elegantiarum*

---

(1) Mort en 1507.
(2) Voir du Cange à *Collegiatus*.
(3) Panzer, t. VI, Cracovie, n° 23.
(4) Panzer, *ibid.* n° 14. — Pour tout ce qui suit voir au même t. VI Cracovie.

academiæ cracoviensis studentibus dicatus (1502), un Hésiode latin (1506), deux discours de Cicéron (1507), un Eutrope (1510) et quelques traités ou modèles de l'art épistolaire, si cultivé en ce temps-là. Mais à Cracovie comme à Paris la place occupée par les belles-lettres était encore des plus modestes.

Celui qui faisait imprimer à ses frais ou qui imprimait la presque totalité de ces ouvrages, et se rendait ainsi tellement utile à l'université, le libraire Jean Haller, était un riche et considérable personnage. On pourrait faire un catalogue des épithètes honorifiques dont il se gratifie et qu'il varie sans se lasser. « Aux frais de très excellente et très courtoise personne, messire Jean Haller, bourgeois de Cracovie, le parfait patron des savants » *(ad impensas optimi humanissimique viri, domini Johannis Haller, civis Cracoviensis virorum doctorum fautoris excellentissimi)*. Il est tantôt illustre *(famatus)*, tantôt discret, avisé, sans doute ce qu'on appelait « sage et discrète personne » *(circumspectus, providus)* ; assez souvent « considérable » *(spectabilis)* comme dans nos deux opuscules. D'autres fois, il a bien mérité de la cité *(ejusdem civitatis cives admodum bene meritos)*, ou il est d'une honnêteté éprouvée *(spectatæ integritatis)*. J'en passe. Ses imprimeurs ne s'oublient pas. « Par l'habile imprimeur Georges Stuchs » *(per solertem librorum impressorem Georgium Stuchs)*, « aux frais de très excellente et très courtoise personne, messire Jean Haller, » etc., « et par l'art d'habile homme Gaspar Hocfeder » *(arte autem solertis viri Gasparis Hocfeder)*.

Quand la dépense lui paraissait forte, il le disait. Une fois au moins il prit un associé pour l'aider à la supporter *(summa industria et impensa,.. non mediocri cura et impensa.. impensis non modicis.. impensis sumptu et opera.. impensis autem Johannis Haller et Sebastiani Hyber ejusdem civitatis cives admodum bene meritos)*. D'ailleurs, non moins fidèle à sa qualification d'avisé qu'à celle d'honnête, il n'oubliait pas de se faire accorder des privilèges pour ces publications qui l'obligeaient à d'aussi grosses dépenses. On connaît un *missel* de lui, sans date (1), qui remonterait d'après M. Deschamps (art. *Cracovie)* à 1475, ce qui est beaucoup. Défense est faite de par l'évêque de Cracovie à tous autres de l'imprimer, sous une peine déterminée *(sub certa indicta pena)*. Nous savons aussi qu'antérieurement à 1506 il avait obtenu, cette fois du roi de Pologne et de son conseil, un privilège en vertu duquel il était interdit sous une peine sévère de faire imprimer aucun de ses livres à l'étranger et de les introduire dans le royaume *(quem quidem librum et alios quoscumque per præfatum Haller ea lege impressos quisque nosse debet : ut nemo illos alibi gentium exaratos : Regno introducat eosque venales habeat gravi sub pena : ac eorumdem librorum amissione rigore priuilegii : ipsi Haller per sacram domini regis Poloniæ majestatem desuper gratiose ex con-*

---

(1) Panzer, t. IX, p. 230, n° 7.

silio sue serenitatis consiliariorum concessi : prout hoc idem priuilegium latius continet. Panzer, t. VI, p. 450 en 1506). Il lui fut d'autant plus facile de poursuivre les contrefacteurs du dedans et la contrebande qu'on le trouve en 1516 et 1523 (1) consul (bourgmestre ?) et en 1524 (2) conseiller *(ejusdem civitatis a consiliis).* Même d'après Hoffmann (3) on le trouve déjà consul en 1508, et peut-être l'avait-il été auparavant. Avec sa fortune, son privilège et ses dignités, entouré des imprimeurs Georges Stuchs, Gaspar Hocfeder, Florian Ungler (ces deux derniers imprimant aussi pour leur propre compte) qu'il emploie, soit avant d'avoir lui-même des presses, soit comme auxiliaires de ses presses; faisant avec candeur étalage de son importance, l'éditeur de Cracovie n'est pas sans garder une physionomie distinctive parmi ses grands confrères du commencement du xvi⁰ siècle.

Faut-il lui accorder la gloire d'avoir introduit l'imprimerie à Cracovie et en Pologne ? ou bien y avait-il été précédé par Georges Stuchs ? Quoi qu'il en soit, on ne peut lui refuser le mérite d'avoir affermi et fait prospérer le nouvel art au moyen de ses capitaux, de son activité et de son habileté. Il était Allemand et de Nuremberg, comme ses deux premiers imprimeurs Stuchs et Hocfeder. Les marchands de Nuremberg, dit Hoffmann (4), affluaient alors à Cracovie et y importaient les objets de première nécessité et de luxe. Sur le missel de 1475, Georges Stuchs est appelé le « concivis nurmbergensis » de Haller. Après ce témoignage il est inutile de remarquer avec Hoffmann (5) que les caractères employés par Haller sont semblables à ceux du Nurembergeois Krobinger qui conserva longtemps les grossiers caractères gothiques. Et d'ailleurs il faudrait alors établir une distinction entre les livres de Haller lui-même et ceux qui tout en portant sa marque et tout en ayant été publiés à ses frais sortaient des presses de ses imprimeurs.

Quant au gothique et à la grossièreté des caractères, la remarque de Hoffmann n'est que trop fondée, du moins à en juger par nos deux opuscules. Il est fâcheux qu'en 1510 un protecteur des lettres comme Haller se soit contenté de cet outillage. L'impression des deux petits livres de Lefèvre d'Etaples est irrégulière et fatigante. De plus elle est défigurée, dans le Dialogue, par de nombreuses fautes, qui m'auraient souvent rendu difficile l'intelligence du texte si je n'avais eu comme moyen de comparaison l'édition parisienne de 1504. Sans doute celle-ci est aussi en caractères gothiques et ses abréviations sont encore plus elliptiques que celles de Haller : mais son aspect général est net et surtout elle confirme d'une manière heureuse ce qu'on

---

(1) Panzer, t. VI, Cracovie.
(2) *Ibid.*
(3) Page 5.
(4) P. 5.
5) P. 6.

sait de l'attention de Henri Estienne premier à donner avant tout des textes corrects (1).

On peut suivre dans les annales de Panzer la longue carrière de Jean Haller depuis la fin du xve siècle jusqu'en 1525 au moins (2). Cette année encore il parut un livre *opera domini Johannis Haller* (3). De 1526 à 1528 les publications qui portent son nom ne sont pas formellement données comme ayant été faites par ses soins, mais seulement comme sortant de sa maison ou de sa boutique *(ex œdibus, ex officina)*. Cependant l'indication du n° 187 en 1528 : *in œdibus spectabilis viri domini Johannis Haller*, permet de supposer qu'il vivait encore, puisqu'il est traité de personnage considérable. Si l'on peut réellement faire remonter ses débuts jusqu'en 1475, il aurait présidé(4) aux destinées de l'imprimerie polonaise pendant un espace de cinquante-trois ans.

Il est naturel qu'une université florissante et pourvue d'un libraire habile et actif (qu'on voit réimprimer plusieurs ouvrages des meilleurs auteurs étrangers) se soit enrichie d'une édition locale de certains traités d'un maître de Paris qui était alors en grande réputation. Jean Haller, qui détestait tant la contrefaçon et la contrebande, demanda-t-il à Henri Estienne et à Jacques Lefèvre leur agrément ? Quoi qu'il en soit, par ce qu'on sait des relations de Lefèvre avec un ou deux Polonais qui étaient correcteurs d'imprimerie (5), on peut soupçonner qu'il y eut des rapports entre le maître parisien et l'université de Cracovie. Je n'entreprendrai pas de percer ces obscurités. Arrivons à nos deux opuscules pris en eux-mêmes.

Je dirai d'abord à quelle partie du programme de la faculté des arts ils répondaient et comment ils en modifièrent avec bonheur le fond et non la forme, en rétablissant la véritable pensée d'Aristote, sans chercher à ébranler son autorité. Ensuite, après avoir constaté leur succès et essayé de montrer comment leur auteur était arrivé à surpasser en science philosophique ses contemporains français, je terminerai par une courte exposition de sa méthode et par la traduction du commencement de son dialogue.

---

(1) Voir l'éloge que lui donne à ce sujet Lefèvre d'Etaples dans la préface du Dialogue et que l'édition de Cracovie reproduit sans se douter de l'épigramme qu'elle se décoche ainsi à elle-même. Voir aussi Renouard, *Annales de l'imprimerie des Estienne*.

(2) Et non jusqu'en 1521, comme le dit M. Deschamps dans l'article d'ailleurs si intéressant *Cracovie*, où nous avons trouvé des indications utiles.

(3) T. VI. Cracovie, n° 160.

(4) Non comme unique imprimeur. J'ai nommé ceux qu'il employait et dont les deux derniers, Ungler surtout, devaient de plus en plus rivaliser avec lui.

(5) L'un, Jean Solidus, signalé par Graf, p. 11 de son *Essai français* sur *Lefèvre d'Etaples* 1842. Je me demande si le Boleslas dont il est question dans la préface du Dialogue adressée par Lefèvre à Henri Estienne ne serait pas un Polonais.

III

Nous n'avons à considérer dans Lefèvre d'Etaples ni le précurseur de la Réforme, ni le traducteur des Écritures ; même la plus grande partie de ses travaux sur Aristote doit nous échapper. Il ne s'agit ici que des plus modestes de ses écrits, à classer parmi les livres qu'il a composés pour les écoliers de la faculté des arts. On n'y retrouvera pas moins l'indépendance de son esprit et quelque chose de son âme tendre et mystique.

On sait que l'enseignement de la faculté des arts correspondait à peu près à notre enseignement secondaire. La licence ès arts, précédée elle-même d'un baccalauréat, équivalait pour l'importance à notre baccalauréat ès lettres : elle était exigée pour l'entrée dans les facultés de théologie et de médecine (1). L'étude principale dans la faculté des arts était celle des livres d'Aristote, à laquelle on se hâtait d'arriver après avoir tant bien que mal appris assez de latin pour être en état de suivre les cours et de participer aux exercices. La logique était la principale matière de l'examen du baccalauréat (2), qu'on pouvait subir dès l'âge de quatorze ans (3). Lefèvre a fait pour les écoliers qui se préparaient à obtenir ce premier grade des introductions que nous devons mentionner en passant. Quant à l'examen de licence, auquel on ne pouvait se présenter que si l'on était bachelier depuis un an et qui nous intéresse d'une façon particulière, puisque nos opuscules font partie d'une série d'ouvrages que Lefèvre avait composés pour les candidats à cet examen, il avait été longtemps purement logique (4). Mais depuis la fin du xve siècle, l'étude des traités d'Aristote sur ce qu'on appelait la philosophie naturelle y dominait, et les candidats à la licence étaient couramment désignés sous le nom de *physiciens* (5).

En prenant leur programme tel qu'il existait en 1452, depuis la réforme du cardinal d'Estouteville sous laquelle vivait Lefèvre d'Etaples, nous voyons qu'on pouvait le décomposer en trois parties : étude de la nature, morale et mathématiques. Chacune de ces parties a été l'objet des soins de Lefèvre (6). La philosophie naturelle, la plus considérable de ces trois parties et la seule qui nous intéresse

---

(1) Thurot : *De l'organisation de l'enseignement dans l'université au moyen âge*, p. 125 et p. 180.

(2) *Idem*, p. 51, 52. L'autre matière était la grammaire, *ibid.*

(3) *Idem*, p. 37.

(4) *Idem*, p. 51.

(5) *Idem*, p. 101.

(6) Voir le catalogue de ses œuvres dans : *Jacobus Faber Stapulensis, ein Beitrag zur Geschichte der Reformation in Frankreich*, par H. Graf, 1852, **p.** 222 ss. Cet excellent travail se trouve dans la *Zeitschrift für die historische Theologie*. J'avais renoncé à la possibilité d'en prendre connaissance, quand

ici, comprenait les livres suivants d'Aristote que les candidats à la licence devaient avoir entendus : la Physique, le *De generatione et corruptione*, le *De coelo et mundo*, le *De sensu et sensato*, le *De somno et vigilia*, le *De memoria et reminiscentia*, le *De longitudine et brevitate vitæ*, et la Métaphysique (1). Ouvrons maintenant le petit et épais volume, d'un format tout à fait maniable, qui parut en 1504 chez Henri Estienne premier. Son titre nous promet « les paraphrases de toute la philosophie naturelle », et les 348 feuillets du volume contiennent en effet l'explication ou l'analyse par Lefèvre des traités exigés pour cette partie de la licence. Le *De memoria et reminiscentia* oublié dans le titre se trouve dans le livre (fol. 242 ss). Il est vrai que Lefèvre a ajouté les Météores qui ne figurent pas dans le programme de 1452, et le *De anima* que le même programme avait réservé pour le baccalauréat (du Boulay, V, p. 573). Mais ces différences, qui s'expliquent peut-être par une modification que l'usage avait pu introduire en un demi-siècle, ne laissent aucun doute sur l'intention générale de l'auteur. Or, c'est dans le corps de ce recueil que nous trouvons, comme nous l'avons déjà dit, notre *Introduction* et notre *Dialogue* relatifs à la Physique.

En général, on n'apprécie pas assez ce que le moyen âge dut à Aristote pour le développement des connaissances et de la pensée. Cependant, de nos jours encore, sans parler de l'ouvrage magistral sur sa métaphysique et de la traduction de ses œuvres complètes, qui contribuent à l'honneur de notre siècle, non seulement on maintient l'étude de ses traités dans le programme de l'agrégation de philosophie, mais on n'a pas jugé inutile d'inscrire un de ses livres sur le programme actuel du baccalauréat ès lettres. La *Physique*, dont on demandait la connaissance pour la licence ès arts, n'est aucunement un recueil des opinions ou des erreurs de l'antiquité sur les phénomènes de la nature. En suite d'une intuition dont on peut aujourd'hui mesurer la profondeur, elle n'est en réalité qu'une théorie du mouvement. On y trouve plutôt de la métaphysique que de la physique; c'est, dit M. Barthélemy Saint-Hilaire, une des œuvres d'Aristote les plus vraies et les plus considérables (2). Sans doute, ce qui rend pour nous la lecture de pareils ouvrages particulièrement instructive, c'est qu'imbus de la méthode expérimentale et de ses résultats, nous savons séparer dans l'étude des sciences le domaine des lois et celui des hypothèses métaphysiques. Nous pouvons ainsi nous initier sans danger aux théories des quatre causes, de l'espace, du mouvement, etc., qui remplissent la Physique d'Aristote et y discerner ce qui est véritablement solide de ce qui n'a pas pu résister à l'épreuve des siècles. Le malheur des contemporains

M. X. Weiss a eu l'obligeance de me le communiquer à la Bibliothèque du protestantisme français.

(1) Du Boulay, V, p. 574. L'énumération de Thurot, p. 51-52, est incomplète.

(2) Traduction de la *Physique d'Aristote*, t. I, préface, p. IV ; cf. p. II.

de Lefèvre était de vivre cent ans avant Bacon. Mais même alors, il y aurait eu grand profit à lire Aristote si c'était Aristote lui-même qu'on avait lu, si du moins on avait été mis en rapport avec sa vraie pensée et si on l'avait examinée avec quelque indépendance. Ce progrès était réalisé en Italie; la France le dut à Lefèvre.

Pour savoir avec précision où en était avant lui, dans notre pays, la connaissance de la véritable pensée d'Aristote, il faudrait avoir lu les livres d'école qui étaient en faveur lorsqu'il fit paraître les siens. Il ne suffit pas de savoir en gros que les principaux ouvrages philosophiques d'Aristote étaient connus par des traductions latines de traductions arabes faites elles-mêmes pour la plupart d'après des traductions syriaques; ni que les commentaires d'Averroès et d'Albert le Grand n'avaient pas cessé d'être en usage, en particulier pour la Physique. Il faudrait aussi, d'un autre côté, être en état de déterminer les progrès de l'étude de la langue grecque depuis le xiii° siècle et l'influence que ces progrès, peut-être plus grands qu'on ne pense, devaient avoir eue pour améliorer l'interprétation des œuvres du Stagirite. Je remets à plus tard la recherche des livres d'école (1). Quant au second point, je ne puis que renvoyer au mémoire de M. Jourdain sur les traductions latines d'Aristote. On y verra (2) pour la Physique, le seul ouvrage qui nous importe en ce moment, qu'il en existait, longtemps avant Lefèvre d'Étaples, au moins une traduction faite sur le texte grec; mais elle est manuscrite, et de pareils travaux étaient probablement aussi peu connus que rares. D'ailleurs, pour qui sait ce que coûte de temps et de réflexion la lecture d'une œuvre philosophique d'Aristote; pour qui remarque combien peu encore aujourd'hui on a recours aux écrits originaux, il sera clair que le commun des maîtres non seulement avait de mauvaises traductions, mais même ne s'en servait guère, se contentant de commentaires ou d'extraits de commentaires. Lefèvre rétablit le sens d'Aristote. C'était beaucoup. Il fit mieux encore, au point de vue pratique, en vulgarisant ce vrai sens par ses analyses.

Ce n'était pas un révolutionnaire comme Ramus. Il osait dans la mesure de ce que la moyenne de ses contemporains pouvait comprendre; aussi lui furent-ils reconnaissants. Je m'en tiendrai au témoignage de notre édition polonaise.

Le maître ès arts Georges Sthavischyn, qui avait surveillé l'impression des introductions à la Physique et aux livres de l'âme, voulut les recommander au lecteur. On aimera peut-être avoir une idée de sa préface.

Il commence par célébrer les services rendus à la république des

---

(1) On trouvera les titres d'un certain nombre de ces livres au t. II. de la Bibliothèque grecque de Fabricius, lorsqu'il arrive aux commentaires sur Aristote.

(2) P. 167, 2° édition, 1843.

lettres par Jacques d'Etaples, qui, non content d'avoir paraphrasé l'Aristote grec avec une profonde science, a pensé à venir en aide aux débutants. Dans cette intention il a fait aussi sur chacun des principaux livres d'Aristote des Introductions qui conduisent, comme autant de chemins de traverse, au point culminant de la philosophie aristotélique. Court et net sans cesser d'être élégant, il a surpassé tous ceux qui ont publié des opuscules *(libellos)* sur les mêmes matières. Aussi quiconque veut s'initier à la vraie philosophie, c'est-à-dire à celle qu'on ne voit point gâtée par la corruption gothique *(quae gothica labe non sentitur esse infecta)* doit être assez avisé pour ne pas dédaigner ce beau présent de Lefèvre d'Etaples. Dans les arts, comme le dit Quintilien, rien n'importe plus que les commencements. C'est pourquoi le musicien Timothée exigeait un salaire double de ceux qui avaient déjà pris des leçons d'un autre maître. Il est plus fâcheux d'avoir été mal instruit que de débuter avec la pure ignorance. Car on se débarrasse très difficilement de ce qu'on a appris lorsqu'on ne savait encore rien. Par conséquent, maîtres et écoliers ne peuvent mieux faire que d'adopter cette introduction de Lefèvre d'Étaples. Ce sera pour les uns le moyen de bien enseigner, pour les autres celui de s'instruire sans erreurs. Que le lecteur pèse donc ces Introductions à la balance de l'esprit et du bon sens. C'est sur cette invitation que Sthavischyn prend congé de lui.

Comment Lefèvre était-il parvenu à mériter cette réputation ? Avant tout, parce qu'il avait ce qui ne s'acquiert pas, l'amour du vrai qui ne prend point le change et qui fait de ceux qu'il anime des promoteurs. Quant aux circonstances qui purent le favoriser, elles sont mal connues. Les documents font défaut. Le meilleur de ses biographes a fait à deux reprises, en 1842 et 1852, des recherches minutieuses dans les écrits des contemporains et surtout dans les préfaces mêmes de Lefèvre. Il a ainsi glané des faits précieux. Nous savons par lui que Lefèvre, qui devint maître ès arts à Paris et qui ne paraît pas avoir pris d'autre grade, eut les directions d'Hermonyme de Sparte, mais nous ignorons si ce fut de bonne heure ou tardivement (1). Sans doute c'est surtout dans ses voyages en Italie qu'il se perfectionna dans la connaissance de la langue grecque. Il assista dans ce pays aux luttes entre platonisants et péripatéticiens. Parmi ces derniers se distinguait Hermolaus Barbarus, dont l'enseignement lui fut particulièrement profitable (2). C'est en

---

(1) Graf, *Jac. Faber Stap., ein Beitrag*, etc., p. 7. Renseignement tiré de la préface de Lefèvre *in magna moralia*. Mais la première édition connue de cette introduction est de 1494, quand Lefèvre avait une quarantaine d'années. Il dit d'ailleurs : « *ut præceptor est* », ce qui n'indique pas qu'Hermonyme fût réellement son maître.

(2) *Ibid.*, p. 9.

1492 qu'il alla pour la première fois en Italie (1). Il avait alors une quarantaine d'années. De retour, il importa chez nous, pour ce qui concerne Aristote, les traductions et les explications latines des savants grecs et italiens. C'est surtout à l'aide de ces ressources qu'il me semble avoir rédigé ses propres ouvrages, car je n'oserais affirmer qu'il savait assez bien le grec pour lire Aristote dans le texte. On a tout lieu de croire qu'il enseigna dans le collège du cardinal Lemoine et que c'est là qu'il commença à former de nombreux disciples (2). Ses paraphrases s'adressaient aux plus avancés. Il nous reste à voir par son introduction et son dialogue comment il s'y prenait avec les plus jeunes.

Quoique celui qui, très anciennement d'ailleurs, a relié notre volume, ait placé l'Introduction à la fin, c'est par elle qu'il faut commencer, car elle a été composée avant le Dialogue qui en suppose la connaissance.

Cette introduction aux huit livres de la Physique d'Aristote consiste proprement en sept paragraphes dont le plus long n'a pas plus de vingt-cinq lignes et dont le plus court en a six et demie. Chaque paragraphe contient une série de définitions courtes, nettes, d'une précision géométrique. Le premier a pour objet la nature, le second la cause, le troisième le mouvement, le quatrième l'infini, le cinquième le lieu, le sixième le vide, le dernier le temps. Des explications de Josse Clictou, disciple et collaborateur connu de Lefèvre, s'intercalent, comme on l'a déjà vu, entre les paragraphes. Elles les surpassent notablement en étendue et suppléent leur extrême concision. Elles manquent dans l'édition de 1504, mais à leur place on trouve à la suite de l'Introduction une paraphrase relativement considérable. L'Introduction est elle-même résumée dans une grande figure qui représente la sphère terrestre, entourée des cercles concentriques de l'eau, de l'air et du feu. Cette figure contient dans sa circonférence sept petits cercles diversement disposés, dont chacun correspond à un chapitre de l'Introduction et en renferme pittoresquement le sommaire. Je regrette d'avoir à dire que cette figure, très nette dans l'édition de 1504, est ici, dans les cercles du mouvement et de la cause, un véritable barbouillage.

Le lecteur a sans doute deviné que l'élève devait apprendre par cœur les sept paragraphes sur lesquels il recevait ensuite les explications du maître. Quant à l'illustration par les cercles, elle rappelle les figures géométriques de toute sorte dont on se servait depuis longtemps en logique pour représenter la suite et les termes du raisonnement (3). On se souvient aussi du jeu de cartes de Mürner.

---

(1) *Graf, Jac. Faber Stap., ein Beitrag.* etc., p. 8.
(2) *Ibid.*, p. 12.
(3) Cf. Monteil, *Hist. des Français des divers États*, I, ép. 46.

Lefèvre paraît avoir attaché une véritable importance à sa figure (1).
Ainsi, quant au rôle de la mémoire et aux procédés extérieurs,
jusqu'à présent il n'a rien changé. La précision supérieure de ces
résumés, qualité toute française, et la réputation de science de
l'auteur, pouvaient attirer maîtres et écoliers sans que leurs habi-
tudes fussent choquées (2).

Il ne s'en tint pas aux Introductions, même développées par Josse
Clictou. Dans ses leçons orales il interrogeait, commentait, donnait
des explications familières et proportionnées à l'âge ou à l'intelligence de l'élève : telle était évidemment une des causes de son
succès. Ne pas laisser perdre des leçons aussi fructueuses ; composer
sur les Introductions prises comme thème des entretiens qui repro-
duiraient l'allure et la substance de son enseignement, c'était une
idée bien naturelle. Cependant elle ne vint pas de lui. Il nous
apprend avec candeur (3) qu'elle lui fut suggérée par le jeune
Guillaume Gontier, qui l'avait accompagné dans l'un de ses voyages
en Italie. En agissant ainsi, lui avait dit Gontier, vous apprendrez
aux maîtres comment ils doivent diriger leurs interrogations, et
ainsi vous serez utile en même temps au maître et à l'écolier.
Celui-ci devait d'abord apprendre l'Introduction correspondante au
sujet du Dialogue. Sur cette matière avait lieu l'interrogatoire, conduit
non seulement dans l'ordre des paragraphes de l'Introduction, mais
encore dans l'ordre de chaque paragraphe, de sorte que l'introduction elle-même devait se retrouver tout entière (avec les dévelop-
pements nécessaires) dans les réponses de l'élève. Pour plus de
précaution, la tournure de chaque question indiquait (au moins
dans les dialogues sur la Métaphysique) si la réponse devait être
négative ou affirmative. On voit qu'au lieu de se défier de la mémoire,
l'auteur ne négligeait aucun moyen d'y avoir recours. Il allait jusqu'à
l'excès. Cependant, pour n'être pas trop surpris de ce qu'il y a de
très simple, de très familier et même d'un peu mécanique dans
cette méthode appliquée aux plus subtiles questions que puisse se
poser l'esprit humain, n'oublions pas le jeune âge des élèves. On
pouvait être licencié ès arts à quinze ans : sans doute on ne l'était
guère en général que deux ou trois ans plus tard : mais dans le
Dialogue sur la Physique il s'agit d'écoliers qui jouent encore (4):

---

(1) Il la décrit dans le dialogue.

(2) Ce qui vient d'être dit sur l'Introduction à la physique s'applique d'une
manière générale aux autres Introductions de Lefèvre, sans qu'il soit néces-
saire de les énumérer.

(3) En tête des quatre Dialogues sur la métaphysique, p. 312, au verso, de
l'édition de 1504 de *Totius philosophiæ naturalis paraphrases*.

(4) Celui qui est interrogé dans ce Dialogue n'aime pas à jouer parce qu'il
est d'une gravité exceptionnelle : Ox. *Malles tamen modo aliquo joco cum
sto Noero et aliorum adolescentium turba patris recessum interoblivisci.* --

évoquer ici l'idée des dialogues de Platon serait par trop ambitieux (1).

Le but des Dialogues de Lefèvre est donc très net. Ils sont une méthode pour faire comprendre (en allant du facile au difficile, puisque les difficultés de la physique sont traitées à part dans un second dialogue) et pour faire retenir à des écoliers relativement très jeunes des notions qui devaient leur paraître fort abstraites. Lefèvre les insinue à force de simplicité et d'agrément. On doit donc, malgré les ressemblances de forme, éviter de confondre ces dialogues avec les colloques qui eurent pour objet de former à la conversation en langue latine. Certainement Lefèvre, par sa méthode, facilitait aux écoliers les moyens de faire à leurs maîtres des réponses qui, selon la coutume, avaient lieu en latin ; mais son intention était de leur apprendre les éléments de la philosophie péripatéticienne et non les élégances de la conversation en langue latine. C'est un philosophe, non un humaniste (2).

En lisant les premières pages de notre Dialogue, on est frappé de leur ressemblance avec la marche d'une comédie. Lefèvre, à son insu, ou pour donner un agrément de plus à son opuscule, y reproduit la forme des comédies de collège qui étaient alors tellement à la mode. Les noms de ses personnages représentent des qualités pures, des abstractions, contrairement à l'usage des colloques et conformément à celui des moralités françaises ou de plusieurs comédies de Ravisius Textor. Mais surtout il serait facile de diviser le commencement du Dialogue en scènes qui se passeraient sur un de ces théâtres du moyen âge, où des groupes d'acteurs éloignés les uns des autres et placés devant des décors différents dialoguaient tour à tour. Voici, d'ailleurs, comment le bon Lefèvre, sans se presser, amène l'interrogatoire sur la physique d'Aristote.

Nous sommes dans un collège, peut-être celui du cardinal Lemoine en supposant qu'il eût un verger, car une partie de la scène (si on me passe cette façon de parler) représente un verger (3). Deux maîtres s'y promènent. A quelque distance, une cour (4) où jouent des écoliers. Le premier des maîtres a nom Hermeneus, c'est-à-dire l'interprète, le second Oneropolus, en latin Conjector, c'est-à-dire

---

Ev. Imo discendo et audiendo, nam puerilium jocorum consuetudinem non habes neque me oblectant quicquam.

(1) Il y a deux Dialogues de Lefèvre sur la Physique d'Aristote : le premier sur la physique en général et correspondant à notre 'ntroduction, — c'est celui qui se trouve dans notre volume ; le second qu'il faut chercher dans l'édition de 1504, p. 281 au verso à 303.

(2) S'il fallait absolument des analogies, c'est aux entretiens d'Alcuin et de Pepin, par exemple, qu'on pourrait en demander.

(3) *In pomario deambulant* (2ᵉ page du Dialogue).

(4) Elle n'est pas mentionnée, mais où joueraient-ils sinon dans une cour ?

l'homme qui sait expliquer les songes : le choix de ce second nom,
qu'il ne faut pas prendre en mauvaise part, est assez singulier. Les
appellerons-nous l'un le *Traducteur* et l'autre le *Commentateur?* Irons-
nous plus loin? Verrons-nous dans l'un Jacques Lefèvre et dans
l'autre Josse Clictou? Laissons-leur les noms grecs qui leur ont été
donnés par l'auteur.

Hermeneus raconte à Oneropolus comme quoi Polypragmon (*Nego-
ciator*, le Marchand) vient de le quitter après leur avoir laissé son
fils dont il leur confie l'éducation (ce fils, Epiponus, *Laboriosus*, le
Laborieux, est en ce moment dans la cour avec ses nouveaux camarades). « Oneropolus, notre hôte Polypragmon nous a confié à tous
les deux l'éducation et l'instruction de son fils. C'est son fils unique :
il le chérit avec une extrême tendresse. Tout à l'heure il était ici ;
tu t'étais absenté. Il m'a tiré à part et m'a dit sans être entendu
de son fils : Hermeneus, j'ai souvent entendu dire et avec raison
que les philosophes qui sont si savants ne savent pas tromper. Mais
comme le travail des cultivateurs fertilise les champs stériles, ils
cultivent les esprits stériles des jeunes gens et les amènent à une
vertu féconde. Tout ignorant que je sois des objets de leurs occupations
(car mes parents ont dirigé ma jeunesse d'un autre côté), je n'en
ai pas moins pour eux la plus grande sympathie. Je déplore souvent
de vivre comme un aveugle et je ne trouve heureux que vous seuls
qui êtes habiles dans les lettres; voilà pourquoi j'ai mis tout particulièrement ma confiance (1) en Oneropolus et en toi, vous priant de
vous charger de mon fils pendant qu'il en est temps, afin qu'arrivé
à la vieillesse il ne fasse pas comme moi et ne maudisse pas une
vie condamnée a l'ignorance. O Hermeneus, c'est mon unique
héritier, pourvu que Dieu me le conserve. Je suis vieux et ne puis
plus espérer d'en avoir un autre. Je vous le recommande à tous les
deux, afin que vous soyez pour lui des pères. Vous jugerez de son
zèle. Il n'aurait jamais cessé de m'obséder nuit et jour de ses prières
si je ne vous l'avais amené. Il est à vous, prenez soin de lui, je le
mets sous votre protection. Alors il appelle son fils (2) : — Epiponus,
lui dit-il, Hermeneus que tu vois se charge de toi à partir de ce
moment. Regarde-le comme un père; obéis-lui en tout; honore-le,
il te rendra honnête et savant. Voilà les richesses que je ne pouvais
te laisser : il peut t'en rendre possesseur. Et après avoir franchi le
seuil, les yeux pleins de larmes : — Adieu, Hermeneus, m'a-t-il dit,
portez-vous toujours bien, Oneropolus et toi : salue-le de ma part.
Je lui dis alors : — Polypragmon, reste au moins aujourd'hui à dîner
avec nous et tu recommanderas toi-même ton fils à Oneropolus. Tu
ne pourrais nous faire un plus grand plaisir. — Cela m'est impossible,
a-t-il répondu; mes affaires me pressent et exigent ma présence :

---

(1) *cam*, éd. de Cracovie. *meam*, édition de 1504.

(2) On a reconnu une réminiscence du commencement de l'*Andrienne*.

Quant à vous, pour cette éducation littéraire de mon fils, vous n'avez pas besoin de moi. — Comme tu voudras, lui dis-je, pourvu que tu nous promettes de revenir un jour nous voir et de rester avec nous quelque temps. — Je le promets, dit-il, et je vous laisse mon fils en otage. Et il s'en est allé. Veux-tu donc que nous fassions venir l'enfant, pour le voir toi-même et le questionner? — ONEROPOLUS. Je le veux bien. »

Va-t-on philosopher? pas encore. Le jeune Epiponus, par l'intermédiaire d'un camarade, est appelé auprès des deux maîtres. Il arrive, et le dialogue suivant s'engage entre eux et lui :

ONEROPOLUS. Aimable fils de Polypragmon, comment t'appelles-tu? EPIPONUS. Epiponus, mon excellent maître. — ON. Eh bien, dis-moi dans quelle disposition tu te trouves. — EP. Je suis très heureux, puisque vous voulez bien tous les deux m'instruire dans les lettres. — ON. Voilà des dispositions excellentes. Et tu aimes véritablement les lettres? — EP. Oh! beaucoup. — ON. Cependant tu aimerais mieux jouer à quelque jeu avec Noerus et tous tes autres camarades pour oublier le départ de ton père. — EP. Non, mais j'aimerais bien mieux l'oublier en apprenant et en écoutant, car je n'ai pas l'habitude des jeux d'enfant et ils ne me font aucun plaisir. — ON. Qu'est-ce qui te fait donc plaisir? — EP. Les livres et l'étude des lettres. — HERM. En vérité! voilà qui est très bien pour ton âge et qui témoigne d'un bon naturel. — ON. Mais que désires-tu surtout apprendre et entendre? — EP. La philosophie. — ON. Tu crois donc savoir raisonnablement la logique? (1) — EP. Mettez-moi quelque peu à l'épreuve, et si je ne réponds pas convenablement, je tends tout de suite la main à la férule. — ON. C'est bien. Noerus, donne une *Introduction de la physique* à ton camarade. Il la lira trois ou quatre fois pour l'apprendre par cœur. En attendant nous ferons quelques tours. — NOERUS. J'y vais. »

Les deux écoliers disparaissent. Demeurés seuls, les deux maîtres parlent de leur nouvel élève.

« HERM. Ils sont restés quelque temps; ils vont revenir. Mais, Oneropolus, que penses-tu de cet enfant? — ON. J'en espère beaucoup de bien. Il a l'air ouvert, bon et loyal. Polypragmon chérit son fils. J'espère qu'il aimera mieux le laisser se perfectionner l'esprit que lui faire suivre le métier paternel qui ne vise qu'au gain et à ce qui dépend des caprices de la fortune. — HERM. Tu as raison, Polypragmon est très riche. Jamais il ne se relâche du soin d'amasser, et son fils unique n'aura pas besoin de se faire marchand. Mais s'il sort de nos mains sage et savant, il fera convenablement, justement et libéralement usage des richesses que Polypragmon s'est acquises par tant

---

(1) *Te ergo in rationabilibus disciplinis mediocriter sentis institutum.* On se souvient que l'étude de la philosophie était précédée de celle de la logique proprement dite.

de soins, de veilles, de dangers et de fatigues. — ON. Oui, il en fera justement et libéralement usage. Mais voici l'enfant qui revient. »

Personne ne fera l'injure à Lefèvre de penser que ses maîtres veulent dresser dans leur intérêt un futur Mécène. Pour s'adonner plus librement à l'étude, il avait fait à ses frères et à ses neveux l'abandon de son patrimoine. C'était le désintéressement même, d'après Scévole de Sainte-Marthe (1).

« Me voici, dit EPIPOXUS de retour. — ON. Très bien. T'es-tu appliqué à savoir par cœur ce que je t'avais donné à apprendre? — EP. Je le sais. — ON. Maintenant, fais bien attention. — EP. Oui. — ON. Vois-tu la figure qui est au commencement de notre Introduction? — EP. Oui. — ON. L'ensemble de cette figure nous représente le monde sensible, etc. »

La leçon commence. Elle se poursuit sur un ton aimable, avec de douces plaisanteries, des exemples, des citations de vers latins, qui l'empêchent de devenir sèche et ennuyeuse.

On peut maintenant se rendre compte du rôle qu'a joué Lefèvre d'Etaples dans l'histoire de la pédagogie française. Là, comme pour la Réforme (2) et pour la traduction des Ecritures (3), il a été un de ces précurseurs modestes qui ouvrent le sentier où les autres pourront s'avancer. S'il n'était pas un humaniste, il a facilité d'avance le développement de l'humanisme. De son temps les belles-lettres n'avaient encore pour ainsi dire aucune place dans l'enseignement secondaire. On passait sans transition de médiocres études grammaticales à la logique et à la philosophie. Il n'a pas contribué à introduire dans la faculté des arts les auteurs profanes que sa piété n'aimait guère (4). Mais en rendant aux *physiciens* l'Aristote grec, surtout en l'expliquant avec simplicité et avec charme, il a fait pénétrer, dès la fin du XVe siècle, dans un domaine qui semble avoir été jusqu'à lui bien barbare, le véritable esprit philosophique et littéraire. Aussi bien, on s'en souvient peut-être (5), ces deux mots sont pour lui synonymes.

Il va plus loin : pour lui philosophie, belles-lettres et bonnes mœurs, comme nous l'apprend le commencement de son dialogue, se fondent dans un ensemble où il ne les distingue plus les unes des autres. Aussi, comme il voit tout à travers son cœur, les philo-

---

(1) Graf. *Étude allemande*, p. 5 et 6.

(2) Je n'avais pas à parler du mysticisme de Lefèvre d'Étaples. On sait que ce restaurateur en France de la pensée d'Aristote était pénétré du néo-platonisme chrétien du pseudo-Denys l'Aréopagite, qu'il édita en 1498.

(3) Seulement en tant que sa Bible « est la source dont sont sorties presque toutes les Bibles *modernes* ». Voir S. Berger, *la Bible française au moyen âge*, p. 309.

(4) Voir Graf, *Étude allemande*, p. 10, ou l'*Essai* français du même, p. 7

(5) Voir ce que j'ai traduit du Dialogue.

sophes au milieu desquels il vit, l'université, tout lui paraît (et
cependant il était arrivé à l'âge mûr) un modèle d'amabilité et de
concorde (1). Il est bon de passer quelques moments avec lui, de
feuilleter encore ses modestes ouvrages. On regrettera peut-être que
nos deux opuscules imprimés aux frais de Haller ne soient pas entrés,
à cause de leur rareté, à la réserve de la Bibliothèque nationale. Mais il
est bien à sa place au Musée pédagogique, ce petit monument d'une
réforme modérée dans l'histoire de nos études; de la méthode
d'un maître à la fois habile et aimant; et enfin de l'influence française en matière d'enseignement, par delà l'Allemagne, dans une
université généralement mal connue de l'Europe Orientale.

L. MASSEBIEAU.

---

(1) Voir la préface du Dialogue. Comparer, dans l'édition de 1504, la dé-
dicace de tout le recueil au chancelier de l'université de Paris.

IMPRIMERIE CENTRALE DES CHEMINS DE FER. — IMPRIMERIE CHAIX,
RUE BERGÈRE, 20, PARIS. — 21722-5.

MÉMOIRES

ET

DOCUMENTS SCOLAIRES

PUBLIÉS PAR LE MUSÉE PÉDAGOGIQUE

Sous le titre de **Mémoires et documents scolaires**, le Musée pédagogique publie, à intervalles irréguliers, des travaux ou documents intéressant l'instruction publique à ses divers degrés. Les fascicules suivants ont déjà paru et sont en vente aux bureaux de la *Revue pédagogique*, librairie Ch. Delagrave, 15, rue Soufflot, à Paris :

Fascicule n° 1 :

Le projet de loi sur l'organisation de l'enseignement primaire (1882-1884), recueil de documents parlementaires relatifs à la discussion de cette loi à la Chambre des députés. Un fort volume in-8° de XII-832 pages. Prix . . . . 6^f »

Fascicule n° 2 :

Une acquisition de la bibliothèque du Musée pédagogique : *Dialogus Jacobi Fabri Stapulensis in phisicam introductionem. Introductio in phisicam Aristotelis*; in-quarto, imprimé en 1510 chez Jean Haller, à Cracovie. Etude bibliographique et pédagogique, par *L. Massebieau* (Extrait de la *Revue pédagogique*, n° du 15 mai 1885). Une brochure in-8°. Prix. . . . . 0^f 50

Fascicule n° 3 :

Répertoire des ouvrages pédagogiques du XVI° siècle *(Bibliothèques de Paris et des départements)* Un volume in-8° de 700 pages, imprimé à l'Imprimerie nationale. Prix . . . . 6^f »

Fascicule n° 4 :

L'enseignement expérimental des sciences à l'école normale et à l'école primaire, par *René Leblanc* (Extrait de la *Revue pédagogique*, n^{os} du 15 février et du 15 mai 1883, et du 15 août 1885). Une brochure in-8°. Prix. . . . . 0^f 80

POUR PARAITRE PROCHAINEMENT :

Fascicule n° 5 :

Compte rendu officiel du Congrès international d'instituteurs et d'institutrices, tenu au Havre du 6 au 10 septembre 1885. Un volume in-8°, imprimé à l'Imprimerie nationale.

IMPRIMERIE CENTRALE DES CHEMINS DE FER. — IMPRIMERIE CHAIX, RUE BERGÈRE, 20, PARIS. — 21724-2

www.ingramcontent.com/pod-product-compliance
Lightning Source LLC
LaVergne TN
LVHW012130170726
843501LV00008BC/3112